AF330489

DÉFENSE

DE

M. P. BARTHÉLEMY,

Traduit à la Cour d'Assises de Paris, le huit Novembre 1821, pour un Ouvrage ayant pour titre :

DEMANDE DE LA TRANSLATION DES DÉPOUILLES MORTELLES DE L'EMPEREUR NAPOLÉON.

PARIS,

CHEZ LES MARCHANDS DE NOUVEAUTÉS.

1821.

DE L'IMPRIMERIE DE F.-P. HARDY,
rue Dauphine, N. 36.

DÉFENSE

DE

M. P. BARTHÉLEMY.

Messieurs les jurés,

Je suis l'auteur d'une brochure ayant pour titre : « *Demande de la translation des dépouil-* » *les mortelles de l'Empereur Napoléon.* »

Plusieurs passages ont été signalés par le ministère public, et le ministère public requiert contre moi l'application de la loi du 26 mai 1819.

Je n'abuserai pas ici de vos momens ; je me renfermerai dans une juste défense ; il y va de ma liberté, et de mes droits de citoyen, et je crois que c'est un bien assez précieux pour légitimer mes efforts aux yeux de la Cour et du Jury,

Messieurs les Jurés remarqueront aisément que les passages cités par le ministère public sont précisément ceux qui précèdent et qui suivent les abus que j'ai signalés.

Ici, Messieurs, je dois vous faire observer que les pages 8, 9, 10, 11 et 12 avaient d'abord été incriminées ; mais le ministère public jugea sans doute plus sage de diminuer en nombre les charges de l'accusation et de ne poursuivre que deux phrases.

Que n'a-t-il plutôt abandonné toute poursuite ! il ne m'eut pas mis dans la nécessité de prouver l'existence d'abus coupables et de démontrer que ma juste indignation n'est que le résultat des actes du ministère. Comme citoyen j'avais le droit incontestable, et même c'était un devoir (qui n'est pas aujourd'hui sans péril), de les signaler, de les dénoncer...

« *La personne du Roi est inviolable ; ses* « *ministres sont responsables.* »

LL. EE. doivent donc souffrir qu'on dévoile les actes de leur ministère ; elles ne doivent donc pas, s'enveloppant du manteau royal, chercher à intimider l'écrivain courageux qui élèvera sa voix contre leur inertie. Si leur amour-propre s'en irrite qu'elles déposent le porte-feuille et qu'elles cessent de dénaturer, d'étouffer, de détruire le gouvernement représentatif.

Quand un vertueux citoyen , *Miron,* prevôt des marchands , fit des remontrances contre les dilapidations des ministres, de toutes parts il se trouva accablé par les idoles du pouvoir ; il allait peut-être succomber, quand le Roi, quand Henry IV prit sa défense et honora le courage civil en le faisant triompher des persécutions du ministère : « *qui attaque mon peuple s'en prend à ma personne.* » Eh bien ! Messieurs, qui persécute le citoyen paisible, l'écrivain qui veut le bonheur de ses concitoyens, qui cherche la vérité et dévoile le scandale, n'aime ni la France, ni le Roi, est indigne de l'amour du peuple et de la confiance du monarque.

Si le développement de reproches mérités montre au grand jour des abus révoltans, la faute ne devra pas m'en être imputée, elle appartiendra toute entière au ministère public, qui aurait dû me savoir gré de mon silence ; mais, qui, en m'appelant sur un terrain où nous combattrons avec des armes inégales, me force à divulguer la conduite du ministère pour prouver l'innocence de la mienne.

Je ne pense pas que l'on puisse faire naître la culpabilité de l'énoncé d'un fait exact, ni d'une opinion renfermée dans les limites du devoir et de la modération.

Si l'amour de la patrie m'exalte quelquefois, on pourra pardonner la véhémence de mes accens. Un jury français ne saurait s'abuser sur l'interprétation du ministère public , et voir le mal où il n'est pas.

Eh ! quelle plus grande preuve de respect et d'amour puis-je donner au gouvernement, selon la Charte , que de signaler les abus du ministère, qui ne fait qu'une personne politique dans l'État.

Procédons par ordre et suivons l'accusation.

Le premier passage sur lequel s'arrête le ministère public est celui-ci : « *Napoléon est né* » *à Ajaccio le 15 août 1769 ; il fixa la vic-* » *toire sous les drapeaux français , régénéra* » *l'administration , et par les faits les plus* » *illustres il se LÉGITIMA Empereur d'une* » *grande puissance.* »

Pour éviter tout subterfuge , tout équivoque et parler avec la franchise du caractère dont je m'honore , je déclare que j'ai voulu dire : « *Napoléon se légitima Empereur des Fran-* » *çais ,* » comme il légitima contre lui la coalition étrangère.

Je n'aurais besoin que de rappeler ici les faits, la situation de la France, la position des puissances belligérantes d'alors , mais tous ces détails historiques et politiques sont tout entiers dans votre mémoire ; et, l'on me saura , peut-être, quelque gré de ne pas les rappeler, les rénumérer dans ma position.

Analysons d'abord cette phrase ainsi que nous ferons de toutes les autres, moyen plus simple d'arriver à connaître le plus ou moins de criminalité ; imitons en quelque sorte M. l'avocat général.

Napoléon est né à Ajaccio le 15 août, 1769 : le fait est qu'il est né en Corse ; que ce soit en l'an 1768 ou 1769, l'erreur ne serait qu'un anachronisme, et jamais anachronisme ne fut crime.

Il fixa la victoire sous les drapeaux français. Depuis le siège de Toulon jusqu'au 18 juin 1815, qu'il a cessé de combattre l'ennemi étranger, il a constamment triomphé ; je ne veux pas le suivre dans sa carrière militaire : je ne suis ni son panégyriste ni son historiographe, je rappelle seulement des faits, toujours des faits, et rien que des faits. Des souvenirs et la vérité ont guidé ma plume.

Régénéra l'administration ; un orateur habile a dit : « Napoléon a détrôné l'anarchie. » Ces mots, expression de la vérité, répondent à tout.

Et par les faits les plus illustres il se LÉGI-TIMA *empereur d'une grande puissance.*

Toutes les dynasties régnantes, ont eu un chef qui, nécessairement a dû se *légitimer* ; et s'il fallait encore rappeler ici l'histoire, on verrait que pas un de ces chefs de dynastie ne s'est légitimé par tant de hauts faits, de grandeur, de talens, de gloire, ni aux applaudissemens d'un peuple plus immense, plus policé, plus entouré du respect de tant de nations?

Supposons un instant qu'il n'était pas légitime; raisonnons comme M. l'avocat général; alors j'ai eu tort d'avancer qu'il l'était. Mais, Messieurs, ce tort est bien excusable; quand, en jetant un coup d'œil en arrière, je me rappelle que la plupart de ceux qui me placent sur ces bancs, pour être dans l'erreur (je raisonne toujours par hypothèse) ont eux-mêmes reconnu la légitimité de Napoléon, l'ont même servie, cette légitimité, ont juré de la respecter, et que tel qui est aujourd'hui procureur du roi, fut en ce temps-là, procureur impérial (1), qu'il poursuivit alors ceux qui niaient ce qu'il soutenait et qu'il poursuit aujourd'hui ceux qui soutiennent ce qu'il soutenait alors.

Certes, on peut avoir servi Napoléon, et servir aujourd'hui la France, on n'a pas trahi son mandat, on n'a point forfait à l'honneur; mais blâmer aujourd'hui ce qu'on approuvait alors, c'est se placer sur une fausse ligne, pour

---

(1) M. Jacquinot de Pampelune, fut procureur impérial à la Haye.

(9)

attaquer celui , qui , comme moi n'a jamais rien
tenu de Napoléon , et qui n'a fait que rappeler
un fait exact.

Adoptant néanmoins tous les principes de
légitimité de M. l'avocat général , je tombe
dans un vague de pensées, dans un doute per-
pétuel.

S. Louis fût sacré , et la sanction du pape le
légitima : Napoléon fut couronné des mains du
pape , et Napoléon ne fut pas légitime.

Le pouvoir du pape , les rites de notre religion seraient-ils donc illusoires ?

Si je soutiens l'affirmative, je serai coupable
d'offense envers la religion ; si je me prononce
pour la négative, je suis coupable d'attaques
contre la légitimité.

C'est donc à vous seuls, Messieurs, à me tirer
d'erreur. Napoléon fut légitime ou ne le fut pas.
Le pape a sanctifié son couronnement ou le
pape ne l'a pas sanctifié. Le pape lui a donné
le sceau de la légitimité ou St.-Louis ne fut pas
légitime.

La fortune a changé ; l'homme est déchu : en-
chaîné sur le rocher, il semblait naturel que le
vautour déchirât ses entrailles, mais les tour-
mens ont cessé ; le râle de l'agonie ne se fait
plus entendre........... l'homme est mort.......
l'histoire commence.

J'ai pris la plume, j'ai émis mon opinion, j'ai exprimé mes vœux. J'ai respecté les convenances, le gouvernement et surtout la vérité. Ainsi, Messieurs, pour avoir dit, avoir réuni ces mots, *Napoléon s'est légitimé empereur*, qui ne sont que l'expression d'un fait accompli, est-on ennemi du gouvernement constitutionnel ? est-on coupable dans l'acception de la loi ? Étrange accusation, besoin de nuire et de frapper ! ah ! les ennemis du gouvernement sont bien ceux-là qui font naître l'arbitraire sous l'empire de la Charte.

M'écartant de mon sujet principal, le ministère public trouve dans l'ouvrage, à la page 12 ces mots :

« *Ce n'est donc pas avec CE ministère, que*
» *la France peut être écoutée, respectée. Elle*
» *parle à son gouvernement* (1), *elle lui parle*
» *au nom de l'honneur et de la reconnaissance,*
» *et demande que les restes d'un soldat fran-*
» *çais, d'un empereur, reviennent dans la pa-*
» *trie.* »

Il me faut expliquer ma pensée, il me faut remonter plus haut dans l'ouvrage même, lire les pages d'abord incriminées, puis retirées comme je l'ai déjà dit, de l'accusation.

____

(1) Selon la Charte, le Roi et les Chambres.

En me livrant à l'analyse de ces phrases, je prouverai la pureté de mes intentions.

Je dis avec *CE ministère*. Quel est ce mistère?

Ce est un pronom démonstratif. On ne peut l'employer qu'en désignant un objet ou une personne déjà connu, déjà cité. Or, Messieurs, vous ignorez quel est *ce ministère*, avec lequel je pense que la France ne peut être écoutée. Je n'en ai point encore parlé; ou plutôt le ministère public a distrait de l'accusation les pages où je l'ai peint; le portrait peut-être était trop frappant.

Je voudrais, je l'avoue, pouvoir le passer sous silence, mais le premier point d'une défense est d'être claire, précise. Et le moyen de l'être en ne remontant pas plus haut, en n'expliquant pas les antécédens à ce pronom démonstratif *Ce?* Il fallait laisser subsister l'accusation primitive, ou il ne fallait pas la couper si maladroitement: voyons donc quel est CE ministère, car il ne peut être occulte, ou mes accusations seraient vagues et dérisoires; mais malheureusement il est bien palpable, bien authentique, bien matériel, *ce ministère.*

« Un peuple n'est nation que sous le gou-

» vernement d'un pacte constitutionnel, (1)
» que sous l'empire des lois émanées ou con-
» formes à la Charte. La nation française ne
» parle ici qu'au gouvernement, elle ne s'a-
» dresse pas à un ministère qui n'a produit que
» des calamités, qui détruit, corrompt, anéan-
» tit, ne connaît que des lois d'exception, crée
» des coupables pour se donner la joie de punir,
» et après avoir provoqué le désespoir, livre
» la victime aux tribunaux *impassibles* ; parle
» de morale, de religion, et profane et cette
» morale et cette même religion ; vil dans ses
» secours (2) il ne fait que prolonger l'agonie
» et se rit insolemment des angoises du mal-
» heur ; le plus souvent livrant à ses esclaves
» la dernière *supplique* du citoyen que la faim
» dévore, il oppose le silence aux gémisse-
» mens de celui qui servit sa patrie. Ce minis-

––

(1) Montesquieu : Esprit des lois.

(2) Les secours ou aumônés n'ont rien de la magnani-
mité de l'ancien gouvernement ; distribués sans huma-
nité et avec partialité, on dirait que le seul but soit d'hu-
milier le malheur, de le prolonger même. La formule
ordinaire est celle-ci : *les fonds que l'on veut bien convertir en bienfaits, sont épuisés ;* mais si le sollicitant
n'est qu'un mendiant de profession, cru noble, ayant déjà
une pension ou un emploi, il obtiendra. Madame une
telle, sa protectrice, ne trouve jamais les fonds du mi-

» tère inconcevable , inhabile à conduire le
» mécanisme d'une administration , œuvre de
» Napoléon , n'agit que sous la volonté des
» *commis* et prend pour du savoir lafacilité du
» mal, et, pour de l'énergie, la hardiesse d'ar-
» racher aux portes de l'enfer ce mot *jamais* ;

nistère épuisés..... elle est jolie. Les comités de bienfaisance recherchent les opinions et non les mœurs ; il faut
un exemple , car l'on a démenti cette assertion. Les ministres , qui n'ont pas encore eu le temps de faire quelque
chose de bien , livrent la loi du 15 germinal an 6 , à l'ex-
ploitation des usuriers de toutes les couleurs, et Sainte-Pé-
lagie contient toujours 170 à 180 prisonniers pour dettes ,
tous étrangers au commerce ; en sorte que , dans le nombre
de ces victimes , se trouvent véritablement des indigens
réduits à dévorer une *pitance ordurière* , réservée aux
condamnés ; il existe un comité dit de bienfaisance , pour
la délivrance de prisonniers pour dettes ; mais il ne sou-
lage , il ne délivre que ceux des détenus qui passent pour
royalistes et n'ont pas servi l'ancien gouvernement , mais
jamais ceux qui auraient exprimé dans l'exercice de leurs
fonctions des vœux contraires au rétablissement des Bour-
bons.... Où sont là les principes de la religion et de l'hu-
manité ! et l'oubli du passé ! et le respect à la Charte cons-
titutionnelle ! La grande aumônerie n'est pas mieux or-
ganisée, et dans les ministères, la répartition des fonds
de secours , indemnités , encouragemens , sont décimés
avec une partialité et une lésinerie révoltantes. Mesquins
dans leurs *bienfaits* , avides dans leurs désirs , petits dans
leurs moyens, et colosses d'orgueil : Voilà LL. EE.

» oui, jamais le bonheur, l'honneur de la
» France ne peuvent entrer dans sa pensée ni
» se rencontrer dans ses facultés ; ce n'est donc
» pas avec ce ministère que la France peut être
» écoutée, respectée. Elle parle à son gouver-
» nement ; elle lui parle au nom de l'honneur,
» de la reconnaissance et demande que les
» restes d'un soldat Français, d'un empereur
» reviennent dans la patrie. »

Examinons maintenant chaque pensée, chaque mot, chaque membre de phrase, et nous verrons alors quel est *ce* ministère.

J'ai d'abord établi la distinction qu'il y a entre le gouvernement et le ministère ; ainsi point de fausse interprétation, arme de moins contre moi.

J'ai dit que *ce ministère n'avait jusqu'ici produit que des calamités.*

Eh ! Messieurs, me forcerez-vous à faire ici le tableau des travaux et des résultats ministériels depuis 1815 jusqu'à présent ?

Parcourrai-je avec vous les départemens du midi ?

Est-il nécessaire de chercher à signaler les agens provocateurs (1) et ces principes occultes des conspirations qui en ont été les suites ?

______

(1) Troubles de juin. Assises du 11 janvier 1820.

Sans oser dévoiler des calamités aussi mémorables, dois-je prouver la destruction de la marine, commencée par Malouet et poursuivie par M. le baron Portal ? Eh ! que fait ce ministre ? quand mettra-t-on en accusation les Morenas, les Leignel, les Guidicelly, qui demandent des juges à grands cris ?

N'est-ce point par la corruption que le ministère est parvenu à anéantir toutes nos institutions libérales ?

N'a-t-il pas été hautement accusé à la tribune nationale de tenter de corrompre des membres de la Chambre ? a-t-il osé répondre ? (1)

N'est-ce pas aussi par la corruption que l'on obtient des lois d'exception et des agens toujours prêts à dépasser même les limites de l'arbitraire ? (2)

Mais une accusation qui paraîtra grave est celle-ci : j'ai dit : « *que le ministère parle de morale et de religion, et profane et cette morale et cette même religion.* »

Hélas ! pourquoi m'est-il encore si facile de

______

(1) Séance du 8 janvier 1821.

(2) Deux membres de la chambre des députés se sont plaints à la tribune de la corruption de leurs serviteurs, chargés par le ministère de prendre copie, en l'absence de leurs maîtres, et à l'aide de fausses clefs, de tous les papiers les plus secrets.

prouver que cette phrase hardie n'est que l'expression de la vérité ?

Vous souvient-il, Messieurs, de l'horreur dont tous les cœurs furent saisis au récit du honteux trafic dit la traite des nègres ? Eh bien ! le ministre de la marine fût obligé de convenir et d'avouer à la tribune, qu'on se livrait encore à cette horrible spéculation, et ce, sous pavillon français ; est-ce pour satisfaire à la morale que les traités, à cet égard, restent sans exécution ?

Est-ce pour satisfaire à la morale qu'en vain des voix éloquentes se sont élevées contre ces scandaleuses maisons de jeux ?

Est-ce pour satisfaire à la morale qu'on a refusé d'en diminuer le nombre ?

Est-ce pour satisfaire également à la morale que l'on perçoit sur la prostitution plus de 900,000 f.; somme énorme, dont l'emploi n'est indiqué sur aucun des budjets de la préfecture de police ?

Le ministère parlera de morale ! et sous sa protection le vice et la débauche auront aussi leur législation !

Je ne parlerai pas de l'usure qui peuple Ste Pélagie et qui trouve un égide, un refuge dans

l'interprétation que l'on fait de la loi du 15 germinal an VI.

Est-ce pour honorer la religion, pour nous
la représenter douce, bienfaisante, tolérante
que nous avons vu les églises se fermer impu-
nément devant le cercueil du chrétien, qui a
expié par sa mort les erreurs de sa vie? (1)

Est-ce pour honorer cette religion de paix et
de concorde que dernièrement encore, dans la
capitale du département du Calvados, les prê-
tres ont, malgré les larmes et les instances d'un
fils éploré, fermé le temple de Dieu à l'aspect de
la tombe d'un de ses serviteurs, qui avait con-
tracté mariage sous l'empire de la loi?

Que fait donc le ministère pour mettre un
frein à toutes ces calamités, à tous ces désordres? Est-ce un crime de les signaler? Ce ministère est-il grand, juste, généreux dans la
répartition des secours, indemnités?. . . .
L'intrigue obtient tout, la vertu n'a rien.

Un malheureux dont les droits sont sacrés,
écrivait naguères à M. de Lauriston, ministre
de la maison du Roi, pour obtenir un secours,
pour obtenir du pain. Il lui fut répondu : *les*

---

(1) On n'a pas oublié Mlle. Raucourt, le jeune Lalle-
mand, M. Manuel, etc.

2

fonds que S. M. veut bien convertir en bienfaits sont épuisés. Phrase banale du scribe ministériel ! *Ah ! si le Roi savait !*.... si le Roi eut eu connaissance de cette demande, il eut allégé la misère de cet homme , gardons - nous d'en douter , ce seraitlui faire injure.

J'ai dit aussi que l'on « *répondait par le silence à la supplique du citoyen que la faim dévore.* » J'ai dit aussi la vérité, et cette vérité est mise chaque jour en pratique par le ministère.

J'ai dit que ce ministère était inhabile à conduire le mécanisme d'une administration,œuvre de Napoléon. Il suffit de jeter un coup d'œil sur la situation intérieure de la France pour être convaincu de l'exactitude de cette assertion.

On a effectivement cherché quelques moyens d'économie , mais c'était plutôt un prétexte, une voie ouverte aux ambitions, à la vengeance, aux spéculations de l'intérêt particulier. De malheureux commis ont été renvoyés et de riches sinécures ont été établies. Au ministère de la guerre, on a supprimé des chefs de division et créé des directeurs avec le double d'émolumens. On a chassé des bureaux l'homme instruit, et pour avoir établi un budjet, un commis fut fait *maître des requêtes* et directeur ! (1)

____

(1) M. Tirat, directeur des dépenses.

On pourrait ainsi parcourir tous les ministères, mais cette nomenclature d'abus et de désordres n'aurait rien que de désolant pour nous, sans ajouter à la bonté de ma cause.

Je ne passerai pas cependant sous silence l'action d'un directeur général (1) qui ne répondant aucunement aux demandes les plus justes des anciens employés de son administration, trouva le moyen, après grand nombre de destitutions, de donner à un de ses proches parens agé de 22 ans le titre de chef de division aux appointemens annuels de 30,000 f. ! Cet exploitateur des deniers publics a-t-il donc justifié la confiance du Roi ? Et, n'y aurait-il pas quelque courage à signaler au Roi, aux Chambres, à la vindicte publique ces sangsues ministérielles et à parler de cette répartition complaisante de 14,600,000 f. de rente, dans laquelle on voit figurer tous ces vampires salariés pour des sommes qu'il leur eut été impossible de payer. Les ministres, les actrices, (Mlle Leverd 2,500 f.) tout joue un rôle dans ce tableau singulier. Un M. Careyon y est représenté seul pour une modique somme de 400,000 f. de rente!

Comme Français, mon cœur se serre au récit de ces dilapidations et je n'en pousserai pas plus loin le dénombrement.

____

(1) Benoist.

Voilà le ministère que j'ai désigné et sous lequel gémit la France. Si pendant vingt ans une jeunesse ardente a fatigué la gloire dans les champs de bataille, une nouvelle route, une nouvelle carrière s'ouvre devant elle, les Molé, les du Harlay peuvent leur servir d'exemple, le courage civil égale, s'il ne le surpasse, le courage militaire. N'abandonnons pas les droits qui nous sont concédés par la Charte ; et qu'une juste opposition sans licence retienne les ministres dans de justes limites ; qu'ils cessent de croire que l'opposition ne soit que dans la chambre, il en est une plus redoutable encore, c'est celle de l'opinion publique.

Vous allez, Messieurs, prononcer dans une cause qui nous intéresse tous, qui n'est pas la mienne propre, mais qui est celle de la nation. Oui, *les ministres sont responsables*, attaquer leurs actes n'est point être rebelle, si j'ai faussé dans un seul fait, qu'alors ils me prennent à partie ; mais qu'ils cessent de dire qu'on porte atteinte à l'autorité royale, quand au contraire en la reconnaissant, en la consacrant, on leur prouve qu'eux seuls la méconnaissent, travaillent à la faire méconnaître et à la faire considérer comme arbitraire.

Je les ai seuls attaqués, et je crois, Messieurs, avoir porté dans vos ames, la conviction de mon innocence ; le ministère public est l'organe de la loi, il ne peut soutenir son système d'accusation, système odieux que repoussent la loi, la raison, la justice et le pacte royal ; il ne peut le soutenir, dis-je, sans se rendre l'organe du pouvoir.

J'ai été amené, malgré moi à faire l'exposé des abus ministériels, mais, Messieurs, tel n'est pas le but de ma brochure ; le titre seul l'indique, j'ai osé, sans crainte, comme sans espérance peut-être demander *la translation des dépouilles mortelles de l'empereur Napoléon.*

Je me suis adressé au gouvernement, parceque le roi ne peut oublier que le tombeau des rois de France ses ayeux, fut relevé par l'empereur qui fonda à S.-Denis trois autels expiatoires ; et aux chambres, parceque les représentans de la nation ne peuvent oublier non plus que la gloire des Français est unie à la sienne et que ce serait être plus qu'ingrats de laisser les restes de ce nouveau Pompée au pouvoir de ses ennemis.

Je l'ai fait avec cette réserve, cette convenance d'expressions qui tout en permettant l'enthousiasme, s'accorde pourtant très-bien avec le respect et l'attachement que je professe hautement pour le gouvernement constitutionnel ; toutes mes expressions tendent au maintien d la Charte et à la paix intérieure de la France je n'ai parlé qu'avec douleur du sac impie du tombeau de nos rois et qu'avec vénération de la religion de nos pères.

Messieurs, cet ouvrage est entre vos mains ; quelle subtilité a-t-il donc fallu pour y découvrir une intention criminelle et prêter à la pensée un sentiment qu'elle n'a pas !

Je me repose avec confiance sur cette intégrité qu'on ne séduira pas ; sur cette indépendance qui vous détachant des passions salariées, vous rend les interprètes de la plus exacte justice.